Alexander Lemke

"Car in the Cloud". Vernetzte Automobile als Produktinnovation

GRIN Verlag

Bibliografische Information der Deutschen Nationalbibliothek:

Die Deutsche Bibliothek verzeichnet diese Publikation in der Deutschen National-
bibliografie; detaillierte bibliografische Daten sind im Internet über http://dnb.d-
nb.de/ abrufbar.

Impressum:

Copyright © 2014 GRIN Verlag GmbH
Druck und Bindung: Books on Demand GmbH, Norderstedt Germany
ISBN: 978-3-656-68916-4

GRIN - Your knowledge has value

Der GRIN Verlag publiziert seit 1998 wissenschaftliche Arbeiten von Studenten, Hochschullehrern und anderen Akademikern als eBook und gedrucktes Buch. Die Verlagswebsite www.grin.com ist die ideale Plattform zur Veröffentlichung von Hausarbeiten, Abschlussarbeiten, wissenschaftlichen Aufsätzen, Dissertationen und Fachbüchern.

Besuchen Sie uns im Internet:

http://www.grin.com/

http://www.facebook.com/grincom

http://www.twitter.com/grin_com

Hochschule für Telekommunikation Leipzig (HfTL)

Department für Wirtschaft

Seminararbeit

Innovationsmanagement

Car in the Cloud

vorgelegt von: Alexander Lemke, Arnd Neumann, Elisabeth Tolnai,
Jan Krumnow und Kai Rosenke

eingereicht am: 07.03.2014
in: Leipzig

Themensteller: Deutsche Telekom AG, Products & Innovation,
Business Unit Payment

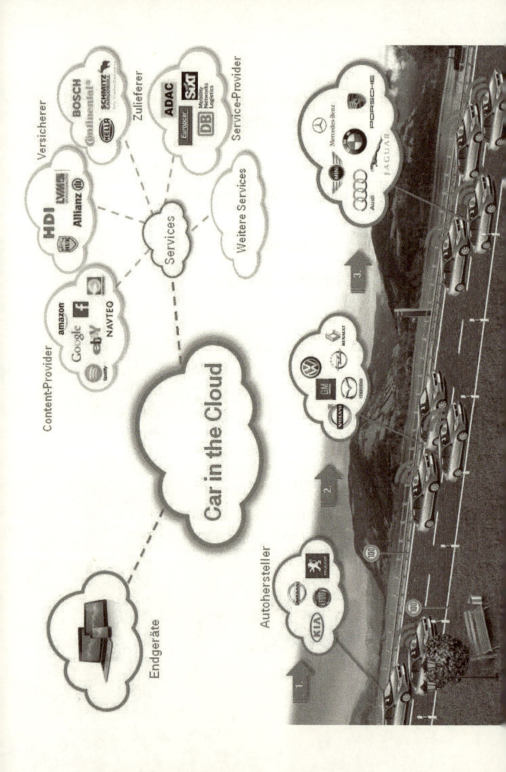

Inhaltsverzeichnis

Abbildungsverzeichnis

Tabellenverzeichnis

1 Executive Summary

Die Zeit, die täglich in den Autos verbracht wird, steigt kontinuierlich an, sodass auch der Bedarf an Lösungen, die die Zeit während der Autofahrt effektiver nutzbar machen, steigt. Das Ziel von „Car in the Cloud" ist es, dieses Bedürfnis zu bedienen, indem das Auto in ein Smart Device, vergleichbar mit einem Smartphone, verwandelt wird. Dabei stellt eine herstellerunabhängige Cloud-Plattform die zentrale Komponente dar, die sowohl die Vorteile des Cloud Computings, als auch die aktuellen Trendthemen aus der Automobilbranche vereint.

Die Plattform ermöglicht es, verschiedene Daten in der Cloud zu konsolidieren und in Informationen umzuwandeln. Diese Informationen können dem Autofahrer bei Bedarf zur richtigen Zeit zur Verfügung gestellt werden. Mögliche Informationen sind zum Beispiel die aktuelle Wetterlage entlang der geplanten Route, die aktuelle Verkehrslage, freie Parkplätze am Zielort, anstehende Termine kombiniert mit benötigten Informationen (Adresse, Telefonnummer) oder Unfallhinweise. Diese Informationen ermöglichen eine komfortablere, sicherere und effizientere Autofahrt und damit ein besseres Fahrerlebnis. Für Autohersteller bietet „Car in the Cloud" zusätzlich die Möglichkeit, die Kundenbindung zu intensivieren und ihre eigene Flexibilität zu steigern.

Die Daten in der Cloud kommen aus verschiedenen Quellsystemen. Systeme von Drittanbietern (z.B. Wetter- oder Verkehrsservices) stellen Daten bereit, die von allen Nutzern genutzt werden können. Mit Hilfe einer zentralen Schnittstelle können weitere Drittanbieter flexibel ihre Services und Contents über die Cloud-Plattform den Autofahrern zur Verfügung stellen. Neben den öffentlichen Daten von Drittanbietern haben Nutzer aber auch die Möglichkeit, private Daten mittels Smartphone oder PC in die Cloud zu speichern, um auf diese auch während der Autofahrt zugreifen zu können. Grundvoraussetzung für die Kommunikation zwischen Auto und Cloud-Plattform ist eine SIM Karte, die aber bereits heutzutage in Neuwagen zum Großteil standardmäßig verbaut wird – Tendenz steigend.

Dabei basiert das Geschäftsmodell auf einer hohen Marktakzeptanz und somit auf einer hohen Kundenmasse. Dadurch steigt die Attraktivität der Plattform für potentielle Service- und Content-Provider, die jeweils über ein Pay-per-Click Modell für die Bereitstellung ihrer Services bezahlen.

2 Ausgangslage

Das Thema „Vernetzung" und die daraus entstehenden Möglichkeiten gewinnen heutzutage im Alltag sowie auch im Geschäftsumfeld immer mehr an Bedeutung. Der PC liefert die Musik für die Stereoanlage und Videos für den Filmabend, während das Smartphone E-Mails empfängt und das Licht im Haus steuert. Nur das Auto scheint nach wie vor eine Insel in der vernetzten Welt zu sein. Zwar arbeiten in diesem viele Computer, sie stellen meist aber nur isolierte Systeme dar und sind somit kaum mit Systemen außerhalb des Autos verbunden. Der Bedarf, jederzeit, folglich auch während einer Autofahrt, E-Mails empfangen und versenden zu können oder auf Musiktitel und Kontakte zugreifen zu können hat deutlich zugenommen.

Die Erwartungshaltung des Marktes hinsichtlich vernetzter Dienste für Autos ist somit sehr groß. Laut der Studie Cars Online 2013 erwarten weltweit bereits 51 Prozent der Kunden, dass ihr nächstes Auto vernetzt ist. Zusätzlich erklärten 75 Prozent der Kunden weltweit, bereits heute Daten mit Geräte- und Komponentenherstellern sowie mit den Händlern zu teilen.[1]

Die Automobilhersteller suchen nach immer neuen Merkmalen, mit denen sie sich vom Wettbewerb absetzen und strategisch neu positionieren können. Klassische Abgrenzungsmerkmale der Automobilbranche wie z.B. Geschwindigkeit, Sicherheit sowie Reiskomfort bieten mittlerweile kaum noch Möglichkeiten, sich merklich von den Wettbewerbern abzugrenzen. Das vernetzte Auto oder auch „Connected Car" genannt ist momentan eines der großen Automobil-Trendthemen der letzten Jahre. Fahrzeuge öffnen sich dabei einer zunehmenden Vernetzung mit ihrer Umgebung. So hält inzwischen das Internet Einzug ins Auto. Herstellerabhängige Car-to-Cloud-Dienste ermöglichen es schon heute, Fahrzeugdaten per Smartphone oder Tablet-PC abzurufen oder Apps ins Auto zu laden, die dessen Funktionsumfang erweitern. Diese Entwicklung ist aber noch nicht an ihrem Ende. In Zukunft werden Fahrzeuge auch miteinander („Car-to-Car") und mit ihrer Umgebung („Car-to-X") kommunizieren. Aktuell existieren verschiedene Lösungen im Bereich Connected Car, Car-to-Car-Kommunikation und Car-to-X-Kommunikation auf dem Markt.[2]

---

[1] Vgl. (Capgemini Consulting, 2013)

[2] Vgl. (Lindlar, 2010)

3 Lösungsvorschlag

3.1 Innovative Ideenbeschreibung

Um die beschriebenen Probleme lösen zu können, bietet die Deutsche Telekom mit „Car in the Cloud" die benötigte Infrastruktur, um alle Daten und Services, die bereits vorhanden, aber an verschiedenen Orten gespeichert sind, zentral in dem Auto steuern und nutzen zu können – unabhängig von der Automarke oder dem Betriebssystem des Handys, welches der Endnutzer nutzt. Die Plattform integriert sich hierbei in die bereits bestehende Infrastruktur innerhalb und außerhalb des Autos, ohne dass dem Endnutzer Mehraufwand entsteht. Zusätzlich ist die Plattform offen für weitere Content- und Service-Provider, die ihr Angebot den Autofahrern zur Verfügung stellen wollen, um das Fahrerlebnis für den Endnutzer immer weiter zu optimieren und ein stetiges Wachstum der Plattform sicherzustellen. „Car in the Cloud" ermöglicht hierbei Potentiale für Services, die auf Basis existierender Lösungen nicht möglich sind – etwa eine Stauprognose auf Basis der Bewegungsdaten aller mit „Car in the Cloud" ausgestatteten Autos.

Mit der Lösung wird der nächste Schritt in der Automobilbranche betreten: von mit dem Internet verbundenen Autos hin zu untereinander mithilfe des Internets verbundenen Autos – sodass auch der nächste weiße Fleck im 21. Jahrhundert in Hinblick auf Integration erschlossen wird. Das Auto wird zu einem Smart Device: eine Plattform, die genauso mit der Umwelt vernetzt ist wie das Smartphone.

Dabei stellt die Cloud Plattform die zentrale Komponente dar, die alle Daten und Services bündelt, die der Endnutzer während der Autofahrt nutzen möchte. Der Endnutzer hat mittels Smartphone-App oder PC-Applikation die Möglichkeit, persönliche Daten wie z.B. die Kontaktdaten der Geschäftskollegen und den anstehenden Terminen in die Cloud Plattform speichern. Technisch wird natürlich sichergestellt, dass nur der berechtigte Endnutzer auf die persönlichen Daten zugreifen kann. Da dieser Zugriff cloudbasiert ist, können die privaten Services etwa auch beim Car-Sharing genutzt werden. Zusätzlich bieten Drittanbieter Content und Services über die Cloud Plattform an, die allen Endnutzern zur Verfügung gestellt werden. Zu diesen Services gehören beispielsweise Routenplanung inkl. Wetterprognose entlang der geplanten Route, Anzeigen von Point of Interest's oder freien Parkplätzen in der Umgebung.

Die „Car in the Cloud" Plattform wird hierbei in vier Phasen in dem Markt verankert. Nach der Entwicklung und Bereitstellung der „Car in the Cloud" Plattform (Phase 0), wird in Phase 1 die Lösung zunächst mit kleineren Autoherstellern auf dem Markt etabliert, da hier der Bedarf an entsprechenden Lösungen aufgrund fehlender Eigenentwicklung voraussichtlich am größten ist. Ziel ist es an dieser Stelle, erste Kunden zu gewinnen und im Markt Fuß zu fassen. Diese Phase könnte innerhalb von zwei Jahren abgeschlossen sein. In Phase 2 und 3 werden dann aufgrund des wachsenden Service- und Content-Angebots und der damit verbundenen steigenden Attraktivität zunehmend größere Unternehmen akquiriert und der Marktanteil damit gesteigert. Durch unseren steigenden Marktanteil und die wachsende Vielfalt der Plattform können zunehmend die Insellösungen der Premiumhersteller verdrängt werden. Das vorrangige Ziel ist es also, schnell einen hohen Marktanteil zu generieren.

Aus unternehmerischer Sicht birgt die Lösung offensichtlich gewaltiges Potential. Durch die Vielzahl der Anbieter und die Anbindung der verschiedensten Service- und Content-Provider bietet sich nach erfolgreicher Verankerung im Markt eine sehr hohe Umsatzaussicht von drei bis vier stelligen Millionenbeträgen pro Jahr. Gerade die Vielfalt ist eine der Stärken der Plattform, die sich nicht als Individuallösung aufstellt, sondern als offene Plattform für alle Hersteller und Anbieter.

Die Nachfrage, der Markt und der potentielle Gewinn sind vorhanden – die Lösung hierzu ist die „Car in the Cloud".

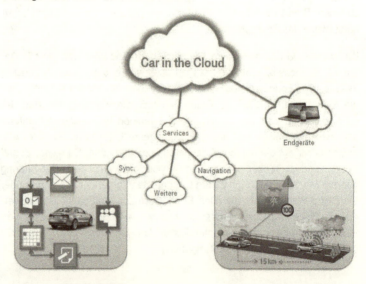

Abbildung 1: Übersicht Ideenbeschreibung

3.2 Technische Machbarkeit

Zur Beurteilung der technischen Machbarkeit wird das System als Ganzes, sowie die einzelnen Bestandteile, die Car-Plattform, Datenübertragung, Cloud-Plattform und Schnittstellen betrachtet.

Moderne Autos werden von Werk aus mit einem zentralen standardisierten Fahrzeugdiagnose System ausgestattet. Dieses System kann zum Abrufen verschiedener Fahrzeugdaten und Status der Steuergeräte verwendet werden. Ebenfalls können über die Diagnoseschnittstelle Steuerbefehle an das Fahrzeug gesendet werden. Über den Bordcomputer können bereits heute Daten ausgelesen und verarbeitet werden.

Zusätzlich erhalten immer mehr Autos standardmäßig eine oder mehrere integrierte SIM-Karten sowie eine mobile Breitbandverbindung. Autos, die bereits verkauft wurden, können zudem ebenfalls mit einer 3G-Mobilfunkverbindung nachgerüstet werden. Diese ermöglichen bereits jetzt Datenraten von bis zu 42,2 Mbit/s im Download und 5,76 Mbit/s im Upload.[3] Zudem wird die 4G Technologie ebenfalls ihren Weg in das Auto finden, sodass die Datenanbindung noch schneller wird. Lediglich die marktübliche Drosselung der Verbindungsgeschwindigkeit ab einer bestimmten Datenmenge muss berücksichtigt werden – dies kann allerdings umgangen werden, indem Nicht-Echtzeitdaten über WLAN synchronisiert werden können oder die Deutsche Telekom selbst einen speziellentwickelten Vertrag für die Autoanbindung anbietet, um die Attraktivität der Lösung zu steigern.

Viele Anbieter bieten verschiedene Cloud-Plattformen an, sodass auch die Bereitstellung einer zentralen Cloud-Plattform keine Probleme darstellt. Für die „Car in the Cloud" Lösung eignen sich die hauseigenen Cloud-Speicher der T-Systems. Diese können kostengünstig und effizient genutzt werden und bieten einen hohen Standard an Datensicherheit.

Im Internet haben sich bereits zahlreiche (de facto) Standards etabliert. Für Schnittstellen ist dies die REST API oder Soap basierte Kommunikation. Diese Technologien standardisieren die Beschreibung der angebotenen Services, sowie den Datenaustausch. Auf Grundlage dieser kann die Cloud-Plattform verschiedene Schnittstellen definieren, auf die dann weitere Anwendungen aufgesetzt werden können. Das ermöglicht eine stetige

---

[3] vgl. (Telespiegel, 2014)

Erweiterung des Angebots und somit die Steigerung der Attraktivität der Plattform.

Zusammengefasst lässt sich festhalten, dass die einzelnen Bestandteile einer vorgestellten „Car in the Cloud" Lösung keine technisch unüberwindbaren Hürden darstellt. Auch das Zusammenspiel der einzelnen Bestandteile ist lösbar, sodass bereits auf dem aktuellen Stand der Technologie eine Umsetzung der Lösung möglich ist.

3.3 Markt und Konkurrenz

Bis zum Jahre 2022 wird es laut Machina Research 700 Millionen Connected Cars geben, sowie 1,1 Milliarden nachgerüstete Geräte in den Fahrzeugen. 90% der Fahrzeuge werden bis dahin mit eingebauten Konnektivitätsplattformen ausgerollt. Prognosen zeigen, dass zukünftig 422 Milliarden USD mit Connected Cars erwirtschaftet werden können. Im Vergleich dazu sind es heutzutage lediglich 22 Milliarden USD.[4]

Wünsche der Autofahrer

Potentielle Autokäufer haben heute hohe Erwartungen bzgl. der Technikausstattung im Auto. Beispielsweise sind sie an neuen Apps interessiert, an neuen Sicherheitstechniken und natürlich an einem besseren Fahrerlebnis. „Urbane" und junge Autofahrer nutzen immer mehr Car-Sharing Angebote um Kosten zu sparen und mehr Flexibilität zu erreichen. Außerdem ist das Umweltbewusstsein ein zunehmend wichtiger Faktor geworden.[5] All diese Wünsche werden durch die „Car in the Cloud" Lösung unterstützt.

Möglichkeiten der Autohersteller

Für Automobilhersteller bietet Connected Car eine große Chance Kunden noch stärker an sich zu binden. Allerdings zeigt dies auch eine Herausforderung, denn Entwicklungszeiten in der Automobilbranche werden in Jahren gemessen, neue Technologien werden entgegen alle 1-2 Jahre eingeführt. Eine neue Flexibilität und gute Kooperation ist hierbei unerlässlich.

Mercedes mit „command online" bietet unter anderem mobile Internetnutzung mit Navigationsfunktion. Fords „Sync" ermöglicht die Sprachnavigation im Auto und mit Amazon Kooperation können Bücher von Kindle vorgelesen werden. „Audi connect" bietet intelligente Navigation mit unter anderem POI Suche, Verkehrsinformationen, Tankstellensuche, Parkplatzinformationen. Es existieren also bereits viele einzelne Lösungen von verschiedenen Autoherstellern, aber keine herstellerübergreifende Lösung.

Die Chancen von Connected Car wurden aber noch nicht bei allen Herstellern erkannt. Auf der IAA im letzten Jahr präsentierte Kia, Fiat, Ferrari,

---

[4].Vgl. (Hatton, 2013)

[5] Vgl. (Capgemini Consulting, 2013) S. 4ff.

Peugeot oder Chevrolet keine innovative Lösungen, betreiben aber Partnerschaften und kaufen Lösungen von anderen Anbietern ein. [67]

Möglichkeiten der Netzanbieter

Mobilfunknetze sind mittlerweile stark ausgebaut und werden immer stärker verdichtet. Um auch international agieren zu können, trafen Netzanbieter schon die Vorbereitungen und gründeten globale Allianzen.[8]

Cloud- Anbieter schneiden ihre Services meistens auf branchenspezifische Besonderheiten zu. Telekommunikationsanbieter bieten Cloud Services als Erweiterung des bisherigen Geschäfts an. IT-Provider (IT Services und Systemintegration) verfügen über große Hosting-Erfahrung. Die Branche ist sehr umfangreich, große Rolle spielen auch hochinnovative Internetunternehmen oder Softwareanbieter, die Cloud als neuen Distributionskanal nutzen. Nennenswerte Unternehmen sind hierbei u.a. IBM, HP, Accenture, Google, Amazon Web Services.[9] Viele amerikanische Unternehmen leiden jedoch aktuell unter dem NSA-Skandal und haben das Vertrauen der Kunden verloren. Bis zu 35 Milliarden Dollar Verlust werden für die nächsten drei Jahre erwartet.[10]

Nähere Betrachtung der Konkurrenten

Android und iOS, die zwei größten Betriebssysteme für mobile Endgeräte werden sehr bald auch im Auto vertreten sein. Google kooperiert bereits über die „Open Automotive Alliance" mit Audi, Honda, General Motors, Hyundai oder Nvidia.[11] Apples Automobilpartner sind unter anderem Mercedes-Benz, Nissan, Ferrari, Jaguar, oder Opel[12]. Die Entwicklungen laufen auf beiden Seiten auf Hochtouren, sodass Autofahrer sehr bald die Neuerungen erleben dürften.

---

[6]Vgl. (Eisert, 2013)

[7] Vgl. (Computer Bild, 2013)

[8] Vgl. (Digital, 2013) S 12

[9] Vgl. (T-Systems International, kein Datum)

[10] Vgl. (heise online, 2013)

[11]Vgl. (Open Automoive Alliance, 2014)

[12]Vgl. (Apple Inc., 2013)

Für „Car in the Cloud" stellt sich Google mit seinem Android System als einer der größten Konkurrenten dar. Android ist schon seit Jahren Marktführer im Smartphone Bereich[13]. Audi Connect Dienste werden beispielsweise schon jetzt mit Googles Android System verbunden. Android-Smartphones sollen in der Zukunft ganz in die Fahrzeug-Systeme eingebettet werden. Zusätzliche Features, wie beispielsweise Googles „send to car", werden ebenfalls bereits angeboten[14].

Auch Apples iPhones können mit den Autos verbunden werden, um einige Apps zu nutzen. Zum Beispiel kann "Siri" bereits mittels Knopfdruck am Auto bei einigen Fahrzeugherstellern zur Sprachsteuerung genutzt werden.[15] Dies ist aber nur der Anfang, eine ganzheitliche Integration ist auch bei Apple geplant.

Für die nähere Zukunft arbeitet Apple an dem „In-Car-Dashboard-System". Die Verbindung soll ohne Kabel funktionieren und es wird ein Zugriff auf Karten, Messaging, Musik (iTunes) und weiterem angeboten.[16]

Zusammenfassung und Vorteile der Deutschen Telekom gegenüber Konkurrenten

Unternehmen agieren in mehreren Geschäftsbereichen, ändern und erweitern ihr Portfolio mit Partnerschaften und Unionen. Solche Schritte sind für den Erfolg unerlässlich.

Die Datenschutzbestimmungen in Deutschland, insbesondere der Deutschen Telekom sind ein Vorreiter in Europa.[17] Dies gewinnt bei den Endnutzern großes Vertrauen. T-Systems ist darüber hinaus ein europäisches Unternehmen mit Wurzeln in Deutschland. Nach der Übernahme von SIS durch Atos ist T-Systems der einzige große deutsche IT-Service-Provider.[18] Google oder Apple hingegen sind für ihr Geschäftsmodell des Datensammelns bekannt und haben somit kein vertrauensvolles Image.

---

[13] Vgl. (van der Meulen, 2013)

[14] Vgl. (Google Inc., kein Datum)

[15] Vgl. (Brian, 2013)

[16] Vgl. (Apple Inc., 2014)

[17] Vgl. (Adelmann, 2014)

[18] Vgl. (Hackmann, 2011)

Auch das „Beste Netz" der Deutschen Telekom mit immer schnelleren Zugriffmöglichkeiten schafft Vertrauen und Akzeptanz bei den potentiellen Nutzern.

T-Systems hat einen starken „foot print" in der Automobilindustrie integriert und konnte bereits ein großes branchenspezifisches Know-How aufbauen, etwa bei der Entwicklung vieler Innovationen im Zusammenhang mit „Connected Car". „Car in the Cloud" kann als nächster Schritt gesehen werden, um T-Systems weiter von der breiten Masse abzuheben und die Zusammenarbeit mit der Automobilbranche weiter zu intensivieren.

Schlussfolgernd lässt sich feststellen, dass zu viele Hersteller mit zu vielen Ideen und Lösungen den Fokus auf das Wesentliche verloren haben. Kunden wollen hingegen eine plattformunabhängige Lösung haben, so-dass sie nicht von einem speziellen Autohersteller oder Mobile-OS abhän-gig sind. Die „Car in the Cloud"-Plattform hebt sich entsprechend mit einer unabhängigen Lösung für sämtliche Services in Kombination mit hohem Datenschutzstandard von der Konkurrenz ab.

3.4 Ziele & Vorgaben

Die zunehmende Vernetzung von Fahrzeugen, Infrastruktur und Unterhaltungselektronik bietet eine Vielzahl von Entwicklungsmöglichkeiten und bietet speziell kleineren Automobilherstellern wie Mazda, Volvo und Nissan die Möglichkeit einen weiten Sprung Richtung Premiumhersteller zu machen. Mit der „Car in the Cloud" Implementierung wird so ein umfassendes IT Produkt, welches sich aus verschiedenen IT Services zusammensetzt, entwickelt, so dass nicht nur die Automobilhersteller, sondern in erster Linie T-Systems davon profitiert. Eine sogenannte Nischenstellung könnte in kurzer Zeit besetzt werden, was zunächst ein Alleinstellungsmerkmal (USP[19]) zu bedeuten hätte.

Das Ziel ist es, aus nur einer Cloud sämtliche Daten zu generieren, zu nutzen und sie diversen Usern der Cloud zur Verfügung zu stellen. Beispiele hierfür sind Daten über die derzeitige Abnutzung der Reifen, automatische Parkplatzsuche und Warnhinweise auf der navigierten Route - also Informationen, die ein zu einem besseren, sicheren und effizienteren Autofahren führen.

Folgende Ziele stehen bei „Car in the Cloud" im Fokus:

- Fahrsicherheit erhöhen,
- Effizienteres fahren,
- Komfort erhöhen (Synchronisation mit Endgeräten),
- Transparenz über einheitliche Daten schaffen,
- Höhere Transparenz der Automobilhersteller bzgl. ihrer Autos schaffen,
- Das Auto als fahrender PC/ Smart Device,
- Neue Absatzkanäle für Provider schaffen und
- Kundenbegeisterung steigern.[20]

Aufgrund der Vielzahl an angebotenen Services (Infotainment, Sicherheit, Services) gibt es auch unterschiedliche Ziele. Einheitlich kann zunächst festgehalten werden, dass sämtliche Informationen, die das Auto und die Insassen betrifft auf einer einzigen Plattform gespeichert und sofort weiterverarbeitet werden können, um nicht nur sicherheitsrelevante Maßnah-

---

[19] Unique Selling Proposition

[20] In Anlehnung an (Digital, 2013)

men daraus abzuleiten, sondern eine High End Convinient Lösung zu generieren.

Im Bereich der Fahrsicherheitssysteme ist die oberste Zielsetzung die Unfallrisikominimierung. Dabei soll die Kommunikation unter den Autos hergestellt werden, eine sogenannte Car-to-Car Kommunikation. Mit dieser Technologie sollen kritische Situationen vermieden werden. In Zukunft kommunizieren die Fahrzeuge untereinander via „Car in the Cloud" Plattform und helfen so der Sensorik, über Kuppen, um die Ecke und durch Häuser hindurch zu sehen bzw. zu kommunizieren.

Außerdem wird das effizientere Autofahren angestrebt. Die Stauinfos kommen direkt von vernetzten Fahrzeugen, die aktuelle Staudaten automatisch an eine Verkehrszentrale senden. Darüber hinaus bestrebt man das Ziel ein Mobiles Office zu schaffen. Es wird also zum einen die Fahrzeit verkürzt und zum anderen eine Möglichkeit geschaffen, die Fahrzeit effizient zu nutzen.

Zusätzlich soll mit einer einheitlichen „Car in the Cloud"-Plattform auch das Ziel der Transparenz verfolgt werden, wodurch Kosten gesenkt und Produktivität erhöht werden können. Beispielhaft kann eine Software rechtzeitig erkennen, wenn Batterie oder Bremsscheiben ausgetauscht werden müssen oder sich ein Motorschaden ankündigt. Diese Ferndiagnose ermöglicht, dass die Werkstatt bereits vor dem Termin weiß, welche Ersatzteile bestellt werden müssen, sodass die Lagerkosten gesenkt werden. Für den Autofahrer bedeutet dies günstigere Preise aber auch eine kürzere Ausfalldauer des Wagens.[21]

Ein weiteres Ziel ist es, den Bereich Infotainment auszubauen. Hierunter fallen z.B. die Integration von Multimediasystemen, Navigation und Smartphonesynchronisation. Die Verschmelzung dieser Dienste, die Einbindung von externen Diensten (Stauwarnungen etc.) sowie eine einfache Bedienbarkeit soll dem Autofahrer zu mehr Begeisterung führen.

Der „Car in the Cloud" Markt bietet ein gewaltiges Ertragspotential und neue Möglichkeiten zur Steigerung der Kundenbindung. Der Markt steuert auf einen Wendepunkt zu, an dem sich die Konnektivität in Autos zu einem Massenmarkt entwickelt. Um diesen neuen Markt aufzubauen, muss also die Vorgabe gegeben sein, dass die Mobiltelefon- und die Automobil-

---

[21] Vgl. (AutomotiveIT.eu, 2009)

anbieter zusammen arbeiten, um die Herausforderungen bewältigen zu können. Automobilhersteller verlangen typischerweise lokale Konnektivitätslösungen. Ab Oktober 2015 müssen Neufahrzeuge, nach den Vorstellungen der Europäischen Union, mit e(-mergency) Call ausgestattet sein. Dabei handelt es sich um ein automatisches Notrufsystem, für das ein Fahrzeug ohnehin einen GPS-Empfänger und eine SIM-Karte benötigt. Damit ist europaweit die Konnektivität der Neufahrzeuge gesichert.[22]

Folgende Vorgaben muss für eine solche „Car in the Cloud" Plattform gegeben sein:

- Vertrauen der Verbraucher in neue digitale Autos,
- Datenschutz,
- Stabiles und über die EU ausgestattetes Netz,
- Schnelle Konnektivität für Echtzeitsysteme und
- Haftung.

Eine weitere sehr wichtige Vorgabe ist nicht nur ein stabiles, sondern auch ein sicheres Netz. Die „Car in the Cloud"-Plattform sollte entsprechend nach ISO Standards entwickelt werden. Durch die steigende Menge an Software in den Autos steigt auch die Gefahr von Angriffen von außen. Es muss entsprechend sichergestellt werden, dass zu keinem Zeitpunkt von außen Bremsen, Motor oder andere sicherheitsrelevante Teilsysteme gesteuert oder manipuliert werden können. Die Basis für die sichere Weiterentwicklung legt die ISO Norm 27001 fest. Sie beinhaltet aktuelle IT Sicherheitsstandards und kontinuierliche Anpassung an die sich verändernden Rahmenbedingungen.[23]

Dennoch ist eine solche Plattform wie sie hier beschrieben wird die Verschmelzung von erweiterter Realität, alltäglicher Aufgaben und Entertainment und sie schafft nicht nur Mehrwert für den Autofahrer, sondern für alle anderen Mitglieder im Ökosystem.[24]

---

[22] Vgl. (Digital, 2013), S. 3

[23] Vgl. (Bundesamt für Sicherheit in der Informationstechnik, 2013)

[24] Vgl. (Sondermann, 2012)

4 Geschäftsmodell

4.1 Wertschöpfungskette

Eine infrastrukturelle Grundlage muss als Erstes geschaffen werden. Hierzu gehört zum einen eine Cloud Plattform, die zur Datenkonsolidierung und als Plattform für Services genutzt werden kann. Dies kann, wie bereits in Kapitel 3.3 beschrieben, unternehmensintern durch die T-Systems bzw. Deutsche Telekom bereitgestellt werden. Zum anderen muss eine mobile Datenverbindung zwischen dem Auto und der Cloud Plattform sichergestellt werden. Die dazu benötigte Hardware (z.B. die SIM Karte) wird von den Autoherstellern selbst implementiert, die Software kann ebenfalls von der T-Systems entwickelt werden. Hierdurch wird eine konfliktfreie Kommunikation zwischen Cloud Plattform und Auto ermöglicht. Der Datenvertrag für die Verbindung zwischen Auto und Cloud Plattform wird zwischen dem Endnutzer und einem beliebigen Mobilfunkanbieter abgeschlossen – die Deutsche Telekom kann hier also ebenfalls als Zulieferer eines speziell auf die „Car in the Cloud" Lösung zugeschnittenen Vertrages fungieren. Im nächsten Schritt muss eine Schnittstelle definiert und entwickelt werden, die es Drittanbietern ermöglicht Services und Content über die Cloud Plattform den Autofahrern zur Verfügung zu stellen. Auch zwischen Endkunde und Cloud Plattform muss eine Schnittstelle definiert und entwickelt werden, um dem Endnutzer den Upload persönlicher Daten vom Smartphone oder PC in seine private Cloud zu ermöglichen. Die Entwicklung beider Schnittstellen kann ebenfalls durch die T-Systems erfolgen.

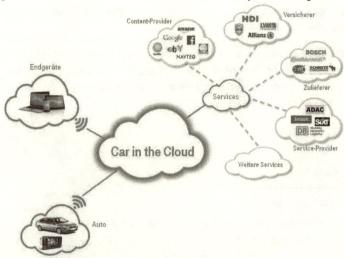

Abbildung 2: Übersicht Geschäftsmodell

Nachdem die technische Grundlage geschaffen wurde, kann mit Hilfe der Plattform ein funktionaler Mehrwert für die Endnutzer und ein monetärer Mehrwert für Service- und Content-Provider, für Automobilhersteller und für die Deutsche Telekom als Anbieter der Cloud Plattform generiert werden. Der Mehrwert für Endnutzer wird durch ein großes Services- und Content-Angebot generiert. Service- und Content-Provider haben die Möglichkeit, über die „Car in the Cloud" Plattform ihr Angebot den Endnutzern zur Verfügung zu stellen. Je nach Geschäftsmodell der Provider können diese hiermit direkt (Nutzungsgebühr) oder indirekt (Einnahmen für Werbung) monetären Mehrwert generieren. Den Automobilherstellern wird eine kostenintensive Eigenentwicklung abgenommen. Für die Deutsche Telekom als Anbieter der „Car in the Cloud" Lösung bietet sich zum einen monetärer Mehrwert durch die monatliche Nutzungsgebühr der Endnutzer und einem Pay-per-Click Modell für die Service- und Content-Provider auf der anderen Seite.

Zusätzlich zu den beschriebenen Primäraktivitäten sind selbstverständlich auch Unterstützungsaktivitäten notwendig. So wird spezielles Personal benötigt, um die Lösung zum einen zu implementieren, aber zum anderen auch um diese während des Betriebs zu warten. Auch eine kontinuierliche Technologieentwicklung ist notwendig, um mittels „Car in the Cloud" Plattform stets aktuelle Automobiltrends zu unterstützen oder sogar selbst Automobiltrends setzen zu können. Zuletzt müssen auch Marketing- und Werbungsaktivitäten eingeplant werden, die ebenfalls die Wertschöpfung unterstützen können.

4.2 Einnahmequellen & Umsätze

Das zentrale Element des Geschäftsmodells ist eine hohe Kundenmasse, die die Attraktivität der „Car in the Cloud" Plattform steigert, was wiederum ein wachsendes Service- und Content-Angebot bedeutet – dies generiert weitere Endnutzer. Dieser Kreislauf muss mittels Investitionen in Gang gebracht werden.

Im Vergleich zu bestehenden Lösungen bietet die „Car in the Cloud" Lösung der Deutschen Telekom Plattformunabhängigkeit. Dies bezieht sich zum einen auf die Automobilhersteller, zum anderen aber auch auf die Anbieter mobiler Betriebssysteme. Dadurch wird grundsätzlich eine größere potentielle Kundenmasse angesprochen als mit den bisherigen Insellösungen. Diese Herstellerunabhängigkeit bietet außerdem weiteren Branchen die Möglichkeit Services anzubieten, was bei den derzeitig eingesetzten Insellösungen nur eingeschränkt möglich und mit hohen Entwicklungskosten verbunden ist. Eine Autoversicherung etwa hat Kunden mit Autos von verschiedensten Automobilherstellern und Handys mit verschiedensten Betriebssystemen. Hier müsste die Autoversicherung derzeit etwa einen Service für jede Insellösung implementieren. Ähnlich verhält es sich bei Automobilzulieferern, die verschiedene Automobilhersteller beliefern.

Abbildung 3: Übersicht Phase 1 bis 3 des Vier-Phasen-Modells

Um eine kritische Kundenmasse zu erreichen und damit Erträge erwirtschaften zu können, wurde ein Vier-Phasen-Modell entwickelt.

Phase 0 – Vorbereitung, Investitionsphase:

In dieser Phase wird zunächst eine marktreife „Car in the Cloud" Lösung entwickelt. Hierzu gehört zum einen Forschungsarbeit sowie die Entwicklung der Cloud Plattform inklusive der Schnittstellen. Zum Start könnten zusätzlich auch eigene Deutsche Telekom Services und Inhalte über „Car in the Cloud" angeboten werden, womit die Kosten für Akquise sinken. Auch die Apps für die Endnutzer müssen implementiert werden. Die Autos müssen mit der benötigten Hardware und Software ausgestattet werden. Zuletzt steht ein ausführlicher End-to-End Test alle Komponenten noch aus, um die Marktreife belegen zu können. Diesen Kosten stehen kleine Einnahmemöglichkeiten gegenüber: so können etwa Forschungsgelder und staatliche Subventionen beantragt werden. Auch die Automobilher-steller und Automobilverbände können aus Eigeninteresse etwa die Kos-ten für die Hard- und Softwareausstattung der Autos übernehmen. Zuletzt ist aber verständlich, dass in dieser Phase die Menge an Investitionen deutlich größer ist als potentielle Einnahmen. Die Investitionen amortisie-ren sich erst in einer späten Phase.

Phase 1 – Markteintritt:

Das Ziel in der ersten Geschäftsphase nach Marktstart ist es, die „Car in the Cloud" Lösung auf einer breiten Basis zu verteilen, um zeitnahe die kritische Kundenbasis zu überschreiten. Zunächst müssen hierzu Auto-hersteller als Geschäftspartner identifiziert werden, die die „Car in the Cloud" Lösung in ihren Autos implementieren. Da Premium-Hersteller wie BMW, Audi oder Mercedes bereits Connected Car Lösungen anbieten, ist es sinnvoll, zunächst mittels Bedarfsanalyse Autohersteller zu identifizie-ren, die bislang noch keine Connected Car Lösung entwickelt haben und somit ein entsprechender Bedarf vorhanden ist. Den Automobilherstellern würde damit die kostenintensive Eigenentwicklung abgenommen und die Möglichkeit geboten, sich auf dem wettbewerbsintensiven Automobilmarkt zu behaupten. Um das Kundenwachstum nicht unnötig zu verlangsamen, entfällt in der ersten Phase die Nutzungsgebühr für Endnutzer komplett. Auch die Nutzungskosten für die Service- und Content-Provider wird in dieser Phase bewusst gering gehalten. Entsprechend sind auch in dieser Phase die Kosten größer als die Einnahmen.

Phase 2 - Markterschließung:

Sobald die kritische Kundenmasse erreicht wurde, hat die „Car in the Cloud" Lösung eine Attraktivität erreicht, mit der weitere Content-/Service-Provider ihre Lösungen auf unserer Plattform bereitstellen wollen. Der be-schriebene Kreislauf zwischen steigender Kundenzahl, steigender Attrak-tivität, steigendem Service- und Content-Angebot und einer weiter stei-genden Kundenzahl hat nun eine Geschwindigkeit aufgenommen, bei der die ersten Gewinne erwirtschaftet werden können. Die Nutzungsgebühr für Endnutzer wird auf 1€ pro Monat angesetzt. Mit einer steigenden Nut-zung der Services und Contents steigen auch die Einnahmen durch die Content- und Service-Provider. Außerdem können auch weitere Automo-bilhersteller für die Lösung gewonnen werden, was ebenfalls die Nutzer-masse steigert. In dieser Phase kann das erste Mal Gewinn generiert werden und die getätigten Innovationen teilweise amortisiert werden.

Phase 3 - Wachstumsphase:

Mit dem steigenden Service- und Content-Angebot der Plattform sollen in der dritten Phase die übrigen Autohersteller, insbesondere der Premium-Bereich, von der Lösung überzeugt werden. Hier haben die Automobilhersteller die Möglichkeiten, speziellen (kostenpflichtigen) Premium-Content und Premium-Services bereitzustellen, um dem Premium-Kunden einen gewissen Statusvorteil gegenüber den normalen Nutzern zu geben. Auch ein spezielles Corporate Design für Autohersteller wie Daimler, Audi und BMW ist unabdingbar, um eine Abgrenzung zu den anderen Anbietern zu schaffen und den Nutzern das Gefühl von Exklusivität zu geben. Aufgrund der steigenden Kundenmasse wird auch in dieser Phase das Content- und Service-Angebot weiter steigen (z.b. Premium Content). Auch in dieser Phase können deshalb die Nutzungsgebühren für die Endnutzer auf 5€ angehoben werden. In dieser Phase können auch die Nutzungsgebühren für die Content- und Service-Provider angehoben werden, was zusätzlichen Gewinn bedeutet.

Im Folgenden wird eine Beispielkalkulation für die verschiedenen Phasen dargestellt. Dabei werden die größten Kostenstellen und die Einnahmequellen berücksichtigt und gegenübergestellt. In Tabelle 1 ist eine Übersicht der Kostenpunkte und Einnahmequellen dargestellt. In Tabelle 2 erfolgt dann die Kalkulation, ab wann mit welchen Gewinnen gerechnet werden kann.

Phase	Kosten	Einnahmen
0	<ul><li>Forschung</li><li>Cloud Plattform Entwicklung (Entwicklungsbetrieb)</li><li>App. Entwicklung</li><li>Auto-Ausstattung</li><li>End to End Test</li></ul>	<ul><li>Forschungsgelder, staatliche Subventionen</li><li>Unterstützung durch Automobilhersteller / Automobilverbände</li><li>Kostenübernahme durch Automobilhersteller</li></ul>
1-3	<ul><li>Betriebskosten Cloud</li><li>Entwicklungskosten + Integrationskosten</li><li>Marketing / Werbung / Akquise</li><li>Auto-Ausstattung</li></ul>	<ul><li>Nutzungsgebühr durch Nutzer</li><li>Nutzungsgebühr durch Content-/Serviceprovider</li><li>Kostenübernahme durch Autohersteller</li></ul>

Tabelle 1: Kostenstellen und Einnahmequellen

Phase	Einnahmen/Jahr	Kosten/Jahr	Gewinn/Jahr
0 1 Jahr	0	10 Mio €	-10 Mio €
1 4 Jahre	Nutzung: 1 Mio * 0 € * 12 Zugriffe: 1 Mio * 0,001 € * 3600	Betriebskosten: 1 Mio * 1 € * 12 Akquise: 1 Mio * 1 €	
	Summe: 3,6 Mio €	**Summe: 13 Mio €**	**-9,6 Mio €**
2 3 Jahre	Nutzung: 10 Mio * 1 € * 12 Zugriffe: 10 Mio * 0,001€ * 5000	Betriebskosten: 10 Mio * 1€ * 12 Akquise: 10 Mio * 1€	
	Summe: 170 Mio €	**Summe: 130 Mio €**	**40 Mio €**
3 2 Jahre	Nutzung: 100 Mio * 5 € * 12 Zugriffe: 100 Mio * 0,002 € * 7200	Betriebskosten: 100 Mio * 1 € * 12 Akquise: 100 Mio * 1 €	
	Summe: 7.440 Mio €	**Summe: 1.300 Mio €**	**6.140 Mio €**

Tabelle 2: Beispielkalkulation

Dabei wurden folgende Formeln als Berechnungsgrundlage genutzt:

Nutzung: Anzahl der Nutzer * Durchschnittliche Monatliche Kosten * 12 Monate
Zugriffe: Anzahl der Nutzer * Kosten pro Zugriff * Durchschnittliche Zugriffe/Jahr
Betriebskosten: Anzahl der Nutzer * 1 Euro/Monat * 12 Monate
Entwicklungskosten und **Auto Ausstattung** werden durch die **Kostenübernahme** des Autoherstellers gedeckt.

Auf Grundlage dieser Werte kann folgendes Übersichtsdiagramm erstellt werden, welches den Break-Even Punkt darstellt.

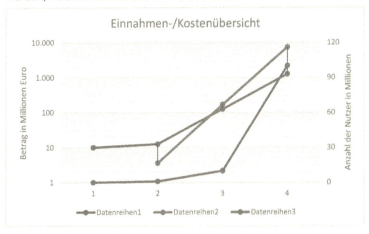

Abbildung 4: Einnahmen-/Kostenübersicht

Besonders hervorzuheben ist, dass sich die Investitionen, die in Phase 0 und 1 nötig sind, bereits im Verlauf der Phase 2 amortisieren. Durch die Beeinflussung der verschieden Variablen können die Gewinne maximiert werden. Insbesondere die monatliche Nutzungsgebühr kann durch eine leichte Erhöhung bereits mehrere Millionen Euro zusätzlichen Umsatz generieren. Weiterhin kann durch die Erhöhung der Nutzerzahl Umsatz und Gewinn weiter ausgebaut werden.

5 Chancen & Risiken

STÄRKEN	SCHWÄCHEN
• Das „Beste Netz" • Internationalität • Eigenrealisierung • Automotive Erfahrung • Connected Car Erfahrung • Große Automotive Kunden • Hoher Marktanteil - TK • Datenschutzbestimmungen • Zusammenarbeit mit dem Staat	• Wenige Automotive Kunden • Keine Allianzen • Hohe Preise • Geringer Marktanteil - Softwarelösungen • Inflexibilität

		UNTERNEHMEN	
CHANCEN	• eCall • „Deutsches Internet" • Digital Natives • Neuer Markt • LTE Ausbau • Telematik im Auto	• Netzausbau vorantreiben • Automotive Partnerschaften stärken • Standards einführen • Spezielle Datentarife anbieten • „Deutsches Internet" unterstützen	• weitere Partnerschaften • Allianzen gründen
RISIKEN	• Datenschutzregelungen • Gesetzliche Regelungen • Große Konkurrenten • Hohes Branchenwachstum • Insellösungen bei kleineren Autoherstellern	• „Das Beste Netz" festigen • starkes Marketing • Datenschutzregelungen stärken und kommunizieren • Zusammenarbeit mit Staat stärken	• Preise mit Konkurrenzpreisen abwägen • Partnerschaft mit Softwareunternehmen und kleineren Autoherstellern

(Seitenleiste: UMWELT)

Tabelle 3 - SWOT-Analyse

Chancen und Risiken in der Umwelt

Ab 2015 wird in der Europäischen Union die Initiative eCall gesetzlich vor-
geschrieben. Ein eingebauter Chip soll bei Unfällen automatisch ein Signal
mit dem genauen Unfallort versenden. Diese Initiative ist als Chance zu
sehen, als Telekommunikationsunternehmen „Car in the Cloud" aktiv zu
platzieren.

Das „Deutsche Internet" ist eine andere, durch den NSA-Skandal getrie-
bene Initiative, Datenverkehr soweit möglich nur noch über deutsche Lei-
tungen zu übertragen. Der Staat treibt diese Initiative an, aber auch die
Wirtschaft, etwa die Deutsche Telekom, fördert diese Initiative und trifft
hierzu bereits Vorbereitungen.[25] Als Chance kann auch die generelle LTE
Ausbau angesehen werden sowie die Förderung von Telematiksystemen
in Autos durch den Staat. Neue Datenschutzbestimmungen sind dabei ex-

---

[25] Vgl. (heise online, 2013)

plizit zu berücksichtigen, neue staatliche Regelungen und Gesetze wie z.B. eCall sollten mitentwickelt und genutzt werden, um die „Car in the Cloud" Lösung zu unterstützen.

Ähnliche Initiativen wie „Car in the Cloud" der Deutschen Telekom scheinen derzeit, wohl aufgrund der hohen Markteintrittsbarrieren, insbesondere infolge des benötigten technischen Know-How's, selten bis nicht vorhanden. Als Risiko ist aber zu sehen, dass die potenziellen Konkurrenten große und auch gut angesehene Unternehmen sind. Das prognostizierte Branchenwachstum ist aufgrund des neuen Marktes sehr hoch. Dies hängt auch damit zusammen, dass die zukünftigen Autokäufer „digital natives" sind und aufgrund ihrer Technikaffinität technische Neuerung in den Fahrzeugen erwarten.

Zusammenfassend lässt sich feststellen, dass der Connected Car Markt und alle Stakeholder sehr offen für neue Initiativen sind. Diese werden von allen Marktteilnehmern vorangetrieben und auch gesetzlich unterstützt.

Stärken und Schwächen im Unternehmen

Die Deutsche Telekom wird seit Jahren mit dem Titel des „Besten Netzes" gekürt.[26] Dies schafft Vertrauen und Loyalität der Kunden. Dem gegenüber steht allerdings die sehr hohe Preisstruktur, wodurch die Kundenloyalität neutralisiert wird.

Als internationales Unternehmen mit Hauptsitz in Deutschland ergeben sich zusätzlich viele Vorteile: Datenschutzbestimmungen werden eine besondere Bedeutung beigemessen. Außerdem hat die Deutsche Telekom bereits einen sehr großen Kundenkreis und einen hohen Marktanteil. Das Unternehmen hat die Ressourcen, auch Eigenrealisierungen durchführen zu können. Zusätzlich existieren bereits Partnerschaften mit anderen großen Unternehmen aus dem Software- und Automotivebereich. Auch die vorhandene Verbindung zum Staat kann als Stärke der Deutschen Telekom gesehen werden. Die Größe eines internationalen Konzern birgt aber auch Nachteile: eine starre und unflexible Organisation schwächt die Beweglichkeit und steigert administrative Aktivitäten. Erhöhte Bürokratie führt ebenfalls zu Inflexibilität und erschwert das Vorantreiben von Innovationen.

---

[26]Vgl. (Theiss, Bernd, 2013)

Zusammengefasst lässt sich feststellen, dass die Deutsche Telekom mit dem Namen und Erfahrungen große Potentiale in sich birgt, mit „Car in the Cloud" eine allgegenwärtige Lösung durchzusetzen.

Abgeleitete Aktivitäten

Aus den dargestellten umweltbedingten Chancen und Risiken und den identifizierten Stärken und Schwächen der Deutschen Telekom lassen sich verschiedene Aktivitäten ableiten, die bei der erfolgreichen Umsetzung der „Car in the Cloud"-Lösung beachtet werden sollten. So sollte insbesondere der Netzausbau weiter vorangetrieben werden, um eine hohe Netzabdeckung gewährleisten zu können. Zusätzlich wird dadurch sichergestellt, dass die Deutsche Telekom das "Beste Netz" behält und somit das positive Image aufrechterhalten wird. Außerdem sollten die bestehenden Partnerschaften in die Automobilbranche und in die Softwarebranche intensiviert werden und zusätzlich durch weitere Partnerschaften in den Bereichen ergänzt werden. Als Vorreiter auf dem Markt sollte die Deutsche Telekom zudem schnellstmöglich Standards definieren. Auch die Zusammenarbeit mit dem Staat sollte weiter getrieben werden, etwa in Verbindung mit den Bestrebungen zum "Deutschen Internet". Um Crossselling Effekte zu generieren, können zuletzt noch spezielle "Car in the Cloud"-Datentarife angeboten werden. Sobald die Innovation umgesetzt wird, muss mittels Marketing-Kampagnen der Markteintritt für die Konkurrenz erschwert werden. In diesem Zusammenhang sollte auch noch einmal auf die strengen Datenschutzbestimmungen der Deutschen Telekom hingewiesen werden, um den Kunden die Bedenken in Cloud Lösungen zu nehmen. Im Zuge des voraussichtlich hohen Konkurrenzkampfes auf dem neuen Markt muss aber auch die aktuelle Kostenstruktur der Deutschen Telekom geprüft werden, um marktgerechte Preise anbieten zu können.

6 Use Case

Im Folgenden wird anhand von Klaus Müller, einem fiktiven Power User der „Car in the Cloud" Lösung, der konkrete Nutzen dieser Lösung dargestellt. Die beispielhaft beschriebenen Services und Content-Angebote stellen ein potentielles Angebot der „Car in the Cloud" Lösung in der dritten Phase des Geschäftsmodells dar.

Klaus ist vor kurzem aufgestanden und sitzt gerade beim Frühstück. Im Hintergrund läuft leise seine Lieblingsplaylist. Sein Smartphone vibriert leise und blinkt. Auf ihm der Hinweis, dass er in 10 Minuten los fahren muss, damit er seinen 13 Uhr Termin schafft. Eigentlich wollte Klaus erst in 30 Minuten losfahren, doch auf dem Smartphone ist für ihn ersichtlich, dass er aufgrund des dichten Verkehrs auf dem Weg zur Autobahn mehr Zeit benötigt. Während er die Meldung betrachtet fällt ihm gleich der Statusmonitor ins Auge. Hier hat er die Anzeige einiger Statuswerte seines Autos konfiguriert: Temperatur 20,0 °C, Tankfüllung 25% entspricht einer Reichweite von 190 km. Ebenfalls sieht er den kleinen Hinweis auf die Anstehende Hauptuntersuchung. Doch darum muss er sich keine Sorgen mehr machen, gestern hat er bereits durch einen Klick auf das Icon die günstigste Werkstatt gewählt und sofort einen Termin ausgemacht. Das hat keine 5 Minuten gedauert, da die Software automatisch Werkstätte in der Nähe vorselektiert und die freien Termine mit Klaus' Terminkalender abgleicht. Die finale Entscheidung für eine Werkstatt und den passenden Termin konnte er so schnell treffen. Klaus nimmt noch einen letzten Schluck Kaffee und steigt in das Auto. Selbstverständlich weiß dieses wo Klaus seinen Termin hat und fragt ob es die Navigation zu der Adresse starten soll. Nach dem er dies bestätigt hat, stellt Klaus die Musik an, praktischer Weise kann er hier direkt die Playlist aus der Wohnung fortsetzen. Nun fährt Klaus los. Seine Route wird automatisch angepasst, aufgrund eines Unfalls auf der ursprünglichen Strecke. In den Verkehrsnachrichten ist davon noch nichts zu hören, aber sowohl die verunfallten Fahrzeuge wie auch die Fahrzeuge im Stau haben die Verkehrslage automatisch an die „Car in the Cloud"-Plattform übermittelt. Ein deutlicher Warnton zieht Klaus' Aufmerksamkeit auf sich. Gleichzeitig sagt die natürlich klingende Sprachausgabe des Autos „Vorsicht! Kreuzendes Einsatzfahrzeug in 150m". Vorsichtig fährt Müller an die Ampelkreuzung heran, erst jetzt hört er die Sirene. Nachdem der Einsatzwagen vorbei gefahren ist, setzt er die Fahrt fort. Beim Erreichen der Autobahn aktualisiert das Auto die Ansicht. Müller sieht jetzt neben der Routenübersicht das aktuelle Wetter an seinem Standort, sowie am Ziel. Ebenso wird signalisiert, dass es in 30 km stark regnet und dadurch eingeschränkte Sicht und Aquaplaninggefahr bestehen. Im Verlauf der Fahrt klingelt es, eingehender Anruf. Klaus sieht auf dem Display neben der Nummer, den Namen und ein aktuelles Bild des Anrufers. Den Kontakt hat er auf sein Handy samt verknüpften Xing Account. Sofort weiß er, wer der Anrufer ist und um welches Thema es wohl gehen wird. Zur Bedienung der Multimediafunktionen, interagiert Müller mit dem Auto via Spracheingabe. Dieses liest auf Wunsch eingehende Mails und SMS vor. Nach knapp 2/3 der Strecke erhält Klaus die Information, dass er in wenigen Kilometern tanken sollte. Sein Tank wird nicht bis zum Ziel reichen und der Benzinpreis ist hier am günstigsten. Ob das Tanken ihn jetzt noch zu spät zum Termin kommen lässt, überlegt sich Klaus nicht. Er ist es bereits gewohnt, dass Tanken und auch Pausen nach Bedarf bzw. nach einer individuellen Statistik automatisch mit in die Reisezeit eingeplant werden. Nach dem kurzen Zwischenstopp ist er schnell dem Ziel nahe. Wenige Kilometer vor dem Ziel stellt sein Auto auf Wunsch auf die Parkplatzsuche um. Über die Auswertung der Daten der anderen vernetzten Autos können schnell freie Parkplätze in der Nähe seines Ziels gefunden werden. Via Navi findet er so direkt eine freie Lücke und spart sich die Zeitaufwendige Parkplatzsuche. Das Auto auf dem Parkplatz abgestellt und die letzten Meter zu Fuß, pünktlich 12.58 Uhr ist er bei seinem Termin angekommen. Schnell, sicher, komfortabel – preiswert.

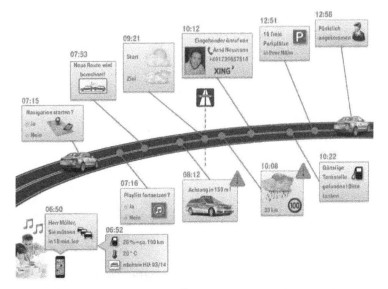

Abbildung 5: Übersicht Usecase

7 Literaturverzeichnis

Adelmann, S. (24. Januar 2014). *crn.de*. Abgerufen am 20. Februar 2014 von Ungebrochenes Vertrauen in die deutsche Wolke: http://www.crn.de/netzwerke-tk/artikel-101784.html

Apple Inc. (10. Juni 2013). *WWDC. Juni 10,2013*. Abgerufen am 11. Februar 2014 von http://www.apple.com/apple-events/june-2013/

Apple Inc. (2014). *iOS in the Car. Best passenger ever*. Abgerufen am 14. Februar 2014 von http://www.apple.com/ios/whats-new/#carintegration

AutomotiveIT.eu. (16. August 2009). *Vernetzte Wertschöpfung*. Von http://www.automotiveit.eu/t-systems-automobilindustrie-vernetzte-wertschoepfung/t-systems-subnet/id-003977 abgerufen

Brian, M. (10. Juni 2013). *Theverge*. Abgerufen am 1. Februar 2014 von Apple announces 'iOS in the Car,' offers access to Maps, messages, and more: http://www.theverge.com/2013/6/10/4414368/apple-wwdc-ios-in-the-car

Bundesamt für Sicherheit in der Informationstechnik. (2013). Von https://www.bsi.bund.de/DE/Themen/ITGrundschutz/ITGrundschutz Zertifikat/ISO27001Zertifizierung/iso27001zertifizierung_node.html abgerufen

Capgemini Consulting. (2013). *My Car, My Way - Cars Online 12/13*. Capgemini Consulting.

Computer Bild. (10 2013). *ComputerBild*. Abgerufen am 28. 02 2014 von http://www.computerbild.de/fotos/Auf-den-Strassen-der-Zukunft-8756234.html#1

Digital, T. (2013). *Connected Car Branchenbericht 2013*. London: Telefonica Digital.

Eisert, R. (20. 09 2013). *Wirtschaftswoche*. Abgerufen am 28. 02 2014 von http://www.wiwo.de/unternehmen/auto/schwerpunkt-connected-car-iaa-lockt-weniger-besucher-als-im-vorjahr/8822438.html

European Commission. (2013). *eCall: Time saved = lives saved*. Abgerufen am 22. Februar 2014 von http://ec.europa.eu/digital-agenda/en/ecall-time-saved-lives-saved

Google Inc. (kein Datum). *Der offizielle Google Produkt-Blog*. Abgerufen am 5. Februar 2014 von http://google-produkte.blogspot.de/2010/07/mit-google-maps-jetzt-kartenziele-autos_12.html

Hackmann, J. (27. 09 2011). *IT-Projektmarkt im Wandel*. Abgerufen am 04. 01 2014 von http://www.computerwoche.de/a/it-projektmarkt-im-wandel,2496027

Hatton, M. (Januar 2013). *The Global M2M Market in 2013*. Von Machina Research: http://www.telecomengine.com/sites/default/files/temp/CEBIT_M2M _WhitePaper_2012_01_11.pdf abgerufen

heise online. (7. August 2013). *heise online*. Abgerufen am 10. Februar 2014 von PRISM-Überwachung: US-Cloud-Anbieter leiden unter NSA-Skandal: http://www.heise.de/newsticker/meldung/PRISM-Ueberwachung-US-Cloud-Anbieter-leiden-unter-NSA-Skandal-1930880.html

heise online. (11. November 2013). *Telekom bastelt Allianz für "deutsches Internet"*. Abgerufen am 22. Februar 2014 von http://www.heise.de/newsticker/meldung/Telekom-bastelt-Allianz-fuer-deutsches-Internet-2043170.html

Kern, P. D. (März 2011). *Connected Cars* . Von http://winfwiki.wifom.de/index.php/Connected_Cars_bei_Mercedes abgerufen

Lindlar, H. (August 2010). Von http://www.t-systems.de/umn/uti/752368_1/blobBinary/BP-Thema-Automotive-ps.pdf?ts_layoutId=753730 abgerufen

Open Automoive Alliance. (2014). *Open Automoive Alliance*. Abgerufen am 10. Februar 2014 von http://www.openautoalliance.net/#about

Sondermann, K. (27. 12 2012). *Vernetzte Wertschöpfung*. Von heise: http://www.heise.de/resale/artikel/Vernetzte-Wertschoepfung-im-Cloud-Services-Oekosystem-1773267.html abgerufen

Telespiegel. (12. 03 2014). Von http://www.telespiegel.de/handy/umts-geschwindigkeit.html abgerufen

Theiss, Bernd. (05. Dezember 2013). *Mobilfunk-Netztest 2013/2014 Netztest: Die Handynetze im Vergleich*. Abgerufen am 22. Februar 2014 von http://www.connect.de/vergleichstest/bestes-handynetz-netztest-2013-telekom-vodafone-eplus-o2-vergleich-handy-netz-1900129.html

T-Systems International. (kein Datum). *internes Dokument*. Von https://tsi-myworkroom-de.telekom.de/livelink_de/livelink/fetch/2000/20523514/813192/830 83098/103409994/Cloud_Positioner_2013_DE.pdf?nodeid=126398 165&vernum=-2 abgerufen

van der Meulen, R. (14. August 2013). *Gartner Says Smartphone Sales Grew 46.5 Percent in Second Quarter of 2013 and Exceeded Feature Phone Sales for First Time*. Abgerufen am 5. Februar 2014 von http://www.gartner.com/newsroom/id/2573415

www.ingramcontent.com/pod-product-compliance
Lightning Source LLC
LaVergne TN
LVHW042307060326
832902LV00009B/1318